AF250737

QUELQUES MOTS

SUR

UN PAMPHLET

DE

M. LE VICOMTE DE CHATEAUBRIAND,

AYANT POUR TITRE:

DU

SYSTÊME POLITIQUE

SUIVI PAR LE MINISTÈRE;

Par L. A. J. JARRY DE MANCY,

Chevalier de l'Ordre Royal de la Légion d'Honneur.

> Les Jongleries politiques ne sont plus de saison. Chacun s'applique à connaître le dessous des cartes qu'on lui présente.

A PARIS,

Chez Delaunay, Libraire, au Palais-Royal,
Et chez les Marchands de nouveautés.

QUELQUES MOTS

Sur un Pamphlet de M. le Vicomte de Chateaubriand, ayant pour titre : du Système politique suivi par le Ministère.

———

Paris, ce 26 décembre 1817.

« **P**ar quelle fatalité a-t-on fait deux choses
» de la Royauté et des Royalistes ? » s'écrie
M. le Vicomte de Chateaubriand. « Les gens
» simples ne comprennent rien à cette dis-
» tinction bizarre ; ils ne savent où est la
» vérité, de quel côté il faut qu'ils se ran-
» gent, » et il ajoute : « Ainsi se trouve rompu
» ce faisceau de volontés sur lequel la
» France doit s'appuyer et dont elle doit
» tirer sa défense et sa force. »

Il articule plus bas, « que c'est une chose
» singulière que de regarder les Royalistes
» comme un parti sous la Royauté. »

Enfin, dès son entrée en matière, M. le

Vicomte nous annonce, sans aucun préam-
bule, que « les Royalistes n'avaient pas be-
» soin qu'on les justifiât de l'accusation portée
» contre eux d'avoir tenté d'arrêter, par des
» obstacles accumulés, la marche du Gou-
» vernement, de l'ébranler et de le compro-
» mettre un moment...... qu'on sait s'ils
» ont défendu la Monarchie ; que leurs mal-
» heurs le disent assez. »

Son écrit, ainsi qu'il s'empresse de le dé-
clarer, a pour objet « de faire retomber sur
» la tête de leurs accusateurs une accusation
» aussi injuste ; de prouver que ce ne sont
» pas les Royalistes qui compromettent le
» Gouvernement, mais les hommes qui,
» par un faux système de politique, retar-
» dent l'union de tous les Français ;

» La condition des Royalistes. dit M. le
» Vicomte, est devenue pire qu'elle ne l'a été
» depuis qu'on a cessé de les proscrire ; car
» alors, s'ils n'avaient rien, du moins étaient-
» ils respectés ; s'ils ne pouvaient entrer
» comme élémens dans le Gouvernement
» usurpateur, du moins on estimait leur ca-
» ractère, leur constance, leur opinion même ;
» on se fiait à leur probité ; on comptait sur
» leur parole. Aujourd'hui, quel rôle jouent-

» ils ? ils sont restés nus comme ils l'étaient
» sous Bonaparte; mais ils n'ont plus ce
» qu'ils avaient, la considération pour sup-
» porter le présent, l'espérance pour atten-
» dre l'avenir. Qu'avant la restauration, ils
» subissent le joug, c'était une conséquence
» inévitable de leur position ; aujourd'hui
» est-elle aussi naturelle? *haïs comme des*
» *vainqueurs, dépouillés comme des vaincus,*
» ils s'entendent dire : N'êtes-vous pas con-
» tens? n'avez-vous pas le Gouvernement
» que vous appeliez de tous vos vœux, pour
» lequel vous avez tout sacrifié? D'autres
» les poursuivent avec l'ancien cri des assas-
» sinats, en appelant sur eux la proscription
» comme Nobles, comme méditant l'enva-
» hissement des propriétés nationales. Et
» pourtant les acquéreurs de biens d'émigrés
» cultivent en paix leurs champs au milieu
» même de la Vendée; immortel exemple
» de l'obéissance aux lois et de la religion
» du serment chez les Royalistes! ce sont
» de tels hommes que l'on condamne à rester
» sous la tutelle ministérielle, dont on met
» l'honneur en surveillance, et qui sont in-
» quiétés comme suspects de fidélité; il est

» vrai, ils peuvent être recherchés pour ce
» crime. Non contens de les traiter avec tant
» de sévérité, on les livre encore à la mo-
» querie publique : on essaye de les faire
» passer pour des imbécilles tombés dans
» une espèce d'enfance. »

A travers de telles déclamations, M. le
Vicomte nous apprend qu'il avait dit : « faites
» des Royalistes, et qu'on a mieux aimé faire
» autre chose. »

Tout cela s'adresse au Public, que, sans
le vouloir bien précisément, M. de Chateaubriand appelle ainsi à juger la conduite de
ceux qui manifestaient ouvertement, il y a
deux ans, l'intention de royaliser la France
à leur profit, tandis que le Roi se nationa-
lisait pour elle.

En attaquant les Ministres sur un Système
politique qu'il prétend être à la fois, « vio-
» lent et faible, fixe pour la haine, changeant
» par la peur, » M. le Vicomte ne s'inquiète
nullement s'il mécontente les Juges qu'il se
donne. Il feint de ne pas voir que la Masse
des Français, beaucoup trop constitution-
nelle pour être Royaliste à sa manière, place
dans la sagesse du Monarque l'unique régu-

lateur du zèle plus ou moins éclairé, que chacun des Ministres apporte dans l'exercice de ses fonctions.

Les Journaux ne débitent que ce qu'il plaît au Ministère ; personne n'en doute ; le Gouvernement l'entend ainsi, et voilà pourquoi je ne suis pas surpris qu'une feuille publique ait annoncé aujourd'hui la vente chez Le Normant du Pamphlet de M. le Vicomte. Les Ministres qui y sont assaillis sans aucun ménagement peuvent et doivent se féliciter de rencontrer, dans cet opuscule, des accusations qui, en se contredisant, opèrent la justification de chacune d'elles, et laissent à découvert l'intention véritable de celui qui les soumet au jugement du public.

D'une part, M. le Vicomte incrimine le Ministère d'avoir employé tous les moyens en son pouvoir afin d'influencer les Elections, et de l'autre, il lui fait un reproche de ce « qu'une main peu sûre a laissé la Chambre » des Députés se briser en plusieurs parties. »

« Aux deux extrémités, dit-il, se présen-
» tent les hommes qu'on voulut exclure des
» Elections en 1815 et en 1816. Ils forment
» deux minorités : ceux qui composent la
» première sont les plus nombreux. Au cen-

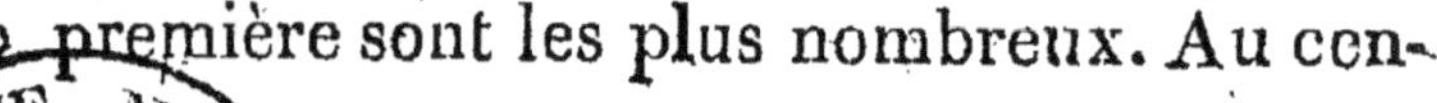

» tre, dans ce qui devrait être la majorité,
» s'est formé un tiers - parti. Ce tiers - parti
» semble composé d'hommes éclairés qui
» n'ont pu faire le sacrifice de leurs lumières
» à des Ministres qu'ils regrettent de ne pou-
» voir suivre. »

Quelques lignes plus haut, il avait dit :
« A peine les Ministres étaient-ils parvenus
» à faire distraire de la loi générale l'article
» sur les Journaux, qu'ils expiaient ce suc-
» cès en perdant la majorité sur un autre ar-
» ticle : bientôt ils sont encore battus sur
» un autre. Ils ont triomphé, il est vrai, en
» faisant rejeter l'amendement en faveur du
» Jury. Déplorable triomphe pour la France
» et pour le Ministère lui-même! Quand on
» livre aux disputes humaines ces questions
» qui touchent à la fois aux intérêts les plus
» chers et aux passions les plus vives, il fau-
» drait du moins que le prix de la victoire
» en compensât le péril. Enfin la loi est
» adoptée! quelques voix seulement la li-
» vrent, comme à regret, au Ministère qui
» *ne craindra pas* de présenter à l'approba-
» tion de la Chambre des Pairs, à la sanc-
» tion du Roi et au respect de la Nation, un
» projet de loi auquel *une majorité de dix*

» *suffrages* donne à peine un commencement
» d'existence. »

S'il était possible qu'on prît en gré de telles
argumentations, et qu'elles fissent impression,
le résultat le plus certain serait d'inoculer au
Public un dégoût prononcé pour le Gouvernement représentatif, et en vérité, rien n'est
plus inconstitutionnel que cela ; mais heureu-
sement pour nous (et nous avons payé assez
chèrement cette instruction), les Jongleries
politiques ne sont plus de saison. Chacun
s'applique à connaître le dessous des cartes
qu'on lui présente.

Ce que M. le Vicomte se permet de dire
au sujet de la loi sur les Elections, dépasse
étrangement les limites dans lesquelles tout
Citoyen, et, à plus forte raison, un Pair de
France, doit se renfermer, quand il s'agit de
parler sur une loi rendue. Y a - t - il égard
pour les convenances et respect pour nos
Institutions à nous révéler que, pour obtenir
la Majorité sur l'article principal de cette
loi, il a fallu faire venir à la Chambre des
Pairs ceux de ses Membres dont les infirmi-
tés demandent habituellement le repos? Que
signifie cette énumération du petit nombre
de voix qui a suffi dans la Chambre des Dé-

putés comme dans celle des Pairs, pour que cet article ne fût pas rejeté ? dans quelle vue M. le Vicomte avance-t-il, comme chose certaine (et rien ne l'est moins), que chez nos voisins un Bill fondamental que n'aurait pas accueilli un plus grand nombre de suffrages, eût été retiré par les Ministres ? Le bout de l'oreille ne passe - t - il pas, quand M. de Chateaubriand se complaît à ajouter : « Les » Ministres français, plus éclairés sans doute, » continuent à s'applaudir de la loi sur les » Elections. » Prétend-il enfin nous donner le change sur une chose très-évidente, quand il cite ironiquement ce passage d'un Discours du Ministre de la police générale? « L'Or- » donnance du 5 Septembre et la loi sur les » Elections ont appris au Peuple quels étaient » les véritables défenseurs, les véritables » amis de la Charte et de la liberté. »

M. le Vicomte ne prend pas la peine de dissimuler ce qui le choque dans la loi sur les Elections. Son arrière-pensée est consignée dans ce peu de mots : « Il est bien à craindre » qu'une loi des Élections où *l'influence lé-* » *gale de là grande propriété* et *le patronage* » *des grands dignitaires* ne balancent pas » assez *l'action populaire,* ne sème de nou-

» veau dans nos Institutions le germe du ré-
» publicanisme. »

Quoi ! des Electeurs à trois cent francs de contribution et des Eligibles à mille francs n'offriraient pas une garantie suffisante pour le maintien de la Constitution ! On suppose-rait gratuitement que jamais on pourra regretter ces Elections primaires, et cette Eligibilité transcendante entre lesquelles le degré intermédiaire n'eût été que le canal qui aurait mis en communication les plus petits propriétaires et les Gens éminens en dignités et en richesses, de manière que ceux-ci auraient été entièrement dominans ! On se flatterait de persuader que la Nation et la Couronne doivent chercher leur appui dans les Courtisans, qu'en termes beaucoup trop pompeux la brochure que nous avons sous les yeux qualifie les Amis du Roi !

Non ; quoi qu'en puisse penser ou dire M. de Chateaubriand et ceux qui, comme lui, affectent un Royalisme inquiet, c'est dans la Classe des habitans désignés par la loi que se trouvent les conditions requises pour élire et être élu. Le Ministère a le mérite de l'avoir senti et de s'être conformé, sur ce point, à l'opinion publique.

Il sait parfaitement, ce que M. le Vicomte ne peut ignorer, *que toute réaction en attire une autre,* agit conformément à cette donnée certaine en politique, et ne pense pas qu'il y ait « des gens assez simples pour ne pas com- » prendre » que les Royalistes se sont mis, en 1815, dans une opposition constante avec un Gouvernement constitutionnel qui ne convient pas à leurs prétentions. Personne ne s'aveugle au point de croire que ces Royalistes soient des *vainqueurs* et ne *les hait* à ce titre ; le Ministère en particulier n'a point à craindre qu'on lui reproche que ces mêmes Royalistes soient *dépouillés comme des vaincus.* Le livre des pensions est là ; il répond à une aussi étrange imputation.

M. de Chateaubriand constitue le Public Arbitre et Juge des plaintes qu'il lui adresse. Nous aurions grand tort de nous récuser.

L'acte d'accusation contre le Ministère est ainsi résumé dans son écrit : « On a » tout fait souffrir aux Royalistes ; et pour » peu qu'on se soit mis dans une position » périlleuse, on trouvera mauvais que les » Royalistes ne s'empressent pas de tendre » la main à leurs imprudens persécuteurs ? » C'est la Patrie, dit-on, qu'il s'agit de sau-

» ver ! Et qu'est-ce qui a compromis la Pa-
» trie? N'est - ce pas une politique étroite
» et passionnée qui a produit les divisions
» existantes aujourd'hui ? Si on ne change
» pas de système, le plus grand malheur ne
» serait-il pas de maintenir au pouvoir ceux
» qui nous perdent par ce système ? Leur
» retraite, dans ce cas, n'est-elle pas la pre-
» mière condition du salut de la France? »

En délibérant sur de pareilles allégations,
voici les considérations qui se présentent na-
turellement à l'esprit.

Quel parti avions-nous à prendre, lorsque
nos Princes, qu'aujourd'hui d'un commun
accord nous reconnaissons être les seuls lé-
gitimes, sont revenus en France à la suite
des Alliés? Pouvions-nous résister à une
force majeure et ne pas acquiescer à des
conditions *léonines*, moyennant lesquelles
nous avons recouvré à prix d'argent, un
Monarque et de sages libertés? Auraient-ce
été les soi-disant Royalistes qui auraient
donné à la France, l'énergie et les moyens
nécessaires pour repousser d'aussi dures conditions ? Y étaient-ils intéressés! Enfin, dans
l'état actuel des choses, lorsque le Ministère
lutte péniblement contre les obstacles qui

s'opposent à ce que nous soyons certains de recouvrer notre indépendance à l'époque fixée pour l'évacuation de notre territoire, faut-il croire sur parole des hommes qui ne savent pas apprécier notre résignation à supporter des maux que, dès l'origine de la Révolution, ils ont appelés sur nous ? Demandions-nous alors autre chose que ce que la Charte nous octroye aujourd'hui ? Comment osent-ils se flatter de nous faire oublier la résistance qu'en 1791 ils opposaient aux vœux d'un peuple entier, *qui depuis....*

....mais alors il était vertueux.

A de telles considérations, quel est le Français qui se sentirait incapable de prononcer le jugement qu'il semble qu'on demande à tous?

En voici assez sur un Ecrit qu'on se plaira à regarder comme le dernier effort d'une faction opposée (en tous lieux) aux mesures que l'Europe juge nécessaires pour préserver les Etats de la dissolution dont ils sont menacés.

Mais quelques mots encore. L'anecdote suivante n'est pas étrangère à ce dont il s'agit.

Un homme recommandable par plus de trente années de services effectifs, comme

Administrateur ou comme Militaire, était, il y a un an, à l'hôpital militaire du Val-de-Grâce, et avait mis au-dessus du buste du Roi, placé sur la cheminée de la salle des officiers blessés, les vers que voici :

> Vous qui frondez en pleine Chambre,
> (Ceci s'adresse à plus d'un Membre)
> Le résultat du grand procès
> Jugé pour nous le cinq Septembre,
> Jacobins blancs (a), vos courts succès
> Nous ont valu cette Ordonnance
> Qui déconcerte vos projets
> Et fixe le repos en France.
> On y veut la Charte et la paix,
> Servir le Roi dont la prudence
> Donne un garant à l'espérance
> En neutralisant vos excès.
> Sa généreuse confiance
> N'excepte aucun de ses sujets.
> Si c'est-là ce qui vous offense,
> Partez... mais non, restez... soyez Français !

Après plus de six semaines d'exposition, cette saillie dénoncée à l'Etat-Major général de la 1re Division militaire, a occasionné son expulsion du Val-de-Grâce, où il avait besoin de rester encore quelque temps. Il a su, à n'en pas douter, que dans une réunion présidée par M. de Chateaubriand, on avait agité si l'on ne présenterait pas cela comme un délit punissable de quelques mois de prison ; mais qu'on y avait renoncé, en considérant que cette entreprise aurait peut-être un effet contraire à celui qu'on s'en proposait.

Cet homme, c'est moi.

(a) M. de Chateaubriand, parlant l'année dernière à la Chambre des Pairs sur le projet de loi relatif aux Journaux, a dit : « Dans des journaux libres, on » peut descendre en champ-clos ; là on peut combattre » de fausses doctrines, terrasser l'impiété et le jaco- » binisme. »

Impiété et Jacobinisme ! Ce rapprochement charitable est un pas de fait dans la route qu'a suivi le premier des *Jacobins blancs,* pour arriver jusqu'à fonder l'Inquisition qui, sauf le respect qu'on lui porte encore dans Madrid, n'est guère propre à faire aimer *la Piété* et *le Despotisme,* qui l'ont établie et l'ont maintenue durant tant de siècles.

F I N.

De l'Imprimerie de PLASSAN, rue de Vaugirard, n. 15.